Theophil Friedrich Ehrmann

Die Holländer

Eine karakteristische Skizze aus der Völkerkunde

Theophil Friedrich Ehrmann

Die Holländer
Eine karakteristische Skizze aus der Völkerkunde

ISBN/EAN: 9783743477162

Hergestellt in Europa, USA, Kanada, Australien, Japan

Cover: Foto ©ninafisch / pixelio.de

Weitere Bücher finden Sie auf **www.hansebooks.com**

Die Holländer.

Eine karakteristische Skizze

aus

der Völkerkunde.

Nach

den beßten und neuesten Schriftstellern

ausgearbeitet.

Mit 18. Illuminirten Kupfern.

Leipzig und Jena
bei Adam Gottlieb Schneider
1791.

Vorrede des Herausgebers.

Der Herr Verleger dieses Werkchens hatte achtzehn nieblich gearbeitete Kupferblatten, welche niederländische Trachten darstellen, vorräthig, und verlangte von mir einen kurzen Text dazu.

Der mir vorgeschriebene Raum war zu enge, um hier einen detaillirten weitläufigen Kommentar zu diesen Kupfern liefern zu können, und ich glaubte eine kurze allgemeine Schilderung des Karakters und der Sitten vorziehen zu müssen. Ich that es in diesen wenigen Blättern, und benützte — ausser einigen neueren Reisebeschreibungen — vorzüglich die aus dem Englischen übersezte Karakteristik der Niederländer dazu. Das Uebrige sagen die Kupfer selbst, sie sind sprechend genug — so wie diese Zeilen zur Vorrede für ein so kleines Werkchen hinreichend sind.

Im August, 1791.

T. F. Ehrmann.

Ordnung und Erklärung der Kupfer.

I. Das Eis. — Ein Eisläufer. Der Eislauf ist bekanntlich die herrschende Winterlustbarkeit der Holländer.

II. Ein durstiger Bruder. Sehr karakteristisch.

III. Ein Kellner. Diese Figur spricht nicht für die Vorzüge der holländischen Gasthöfe.

IV. Eine Frau, wie sie in die Kirche geht.

V. Eine traurende Frau.

VI. Eine holländische Bürgerstochter.

VII. Eine holländische Magd.

VIII. Eine Landfrau nächst Amsterdam. Die sprechenste Indolenz.

IX. Ein holländischer Bauer. NB. Von der geringern Sorte.

X. Ein holländischer Bauer. Viel karakteristischer.

XI. Eine holländische Bäuerinn.

XII. Eine holländische Bauersmagd.

XIII. Eine holländische Milchfrau.

XIV. Ein friesländischer Schiffmann.

XV. Eine friesländische Bäuerinn.

XVI. Eine kleine friesländische Bäuerinn.

XVII. Ein brabäntischer Schiffer. Treflich karakterisirt! — Welch ruhiger spähender Blick in den Ozean hinaus.

XVIII. Eine brabäntische Bäuerinn.

NB. Die Kupfer werden sämtlich hinten an gebunden.

Kurze

Kurze Karakteristik der Holländer.

Gewiß es ist keine leichte Sache, eine Schilderung des Karakters einer Nation zu entwerfen. Man wird selten finden, daß alle die Gemälde, welche verschiedene Schriftsteller von dem Karakter einer und derselben Nation entworfen haben, auf sie anwendbar waren, wohl aber wird man sich oft überzeugen, daß dieser ihr Eigenschaften, Gewohnheiten, Gebräuche zuschreibt, die jener gar nicht bei ihr gefunden zu haben vorgiebt. Woher kommt dis? Ich will, eh' ich zur Karakteristik dieses Volkes übergehe, jene Frage in der Kürze zu beantworten suchen.

Karakter, Fähigkeit, Wille, und äusserliche Lage der Schilderer, wie verschieden sind nicht diese! Wie mannichfaltig stellen sich die Gestalten und das Licht an dem Gegenstand der Zeichnung dem Kennerauge dar, und wie leicht führen sie es irre!

Wir sind immer in dem Zirkel am zufriedensten, wo uns geschmeichelt wird. Auch das richtigste Gefühl für gut und schlecht wird dadurch bestimmt, und niemand wird in Abrede seyn, daß wir eine mehr, oder weniger grosse Empfindlichkeit von da mit uns nehmen, wo wir gekränkt werden. Treten wir mit dem Gedanken in ein Land, uns da geschäzt, bewundert, oder doch wenigstens nicht herabgewürdigt zu sehen, so wird unser Dünkel, unser Hochmuth nur zu leicht beleidigt werden, da Bewunderung gar oft mehr von günstigen Umständen abhängt, als davon, daß man den wahren Werth einsieht und richtig bestimmt. Wie sehr richtet sich aber dann unser Urtheil über den Karakter einer Nation nach dem Weihrauch, der unserm werthen Ich gestreut, oder nicht gestreut ist! — Ganz anders wird der von körperlichen Uebeln geplagte Reisende urtheilen, als der, welcher unter der glücklichsten Stimmung ein Land durchzieht, und wie oft fehlt dem Beobachter die Sehkraft selbst! Man hat seine Lieblingsneigung, glaubt kraft diesen Beobachtungen

gen gemacht zu haben, die jeder andere nicht gemacht hätte, und stüzt seine Hypothesen darauf. O wie vielfältig irrt man sich da, wie manches Ding hört und sieht man, das so, wie wir es hörten, nie existirt hatte. Hiezu kommen noch äussere Verhältnisse. Jedes Land hat seine Vorurtheile, die sich nach und nach mit unserer Denkart so sehr verschwistern, daß wir, ohne es selbst zu wissen, gar vieles darauf bauen. Von Jugend auf werden uns Ideen, gewisse politische Marimen eingeprägt, wodurch unsere Neigung für eine Nation lebhafter wird, als für die andere. — Viel hängt von Figur, Gesichtsbildung, Sprache und Manieren, viel von Empfehlungen, Bekanntschaften, viel von unserm Beutel ab, um da Zutritt zu finden, wo Gelegenheit zum Beobachten ist. — Aber gesezt, dies alles wäre nicht, o wie manche Hindernisse und Schwierigkeiten sind doch noch zu bekämpfen übrig! Nicht in jeder Minute kann ein so vielseitiges auf so verschiedene Weise modifizirtes Ding, als der Karakter eines Volkes ist, gefaßt werden, um uns des richtigen Gesichtspunkts versichert halten zu können. Wir können nicht dabei, wie mit physischen Körpern verfahren, die man mit Hülfe der Chemie zerlegt, um ihre Bestandtheile zu finden. An Erscheinungen müssen wir uns halten, die die Nation in ihren einzelnen Theilen darbietet und aus diesen auf ihr Wesen zurück-

zurückschliessen. Aber unter diesen Erscheinungen sind jene gar selten, die man so wie sie sind, zu Folgerungen benüzzen darf; gar oft müssen sie genau untersucht, umständlich zergliedert, mit andern verglichen und sogar häufig verworfen werden, weil sie entweder die Folgen allzuwerwikelter Ursachen sind, als daß man die richtige zu errathen, mit Wahrscheinlichkeit hoffen dürfte, oder weil die Thatsachen zu individuel sind, um einen allgemeinen Saz aus ihnen herzuleiten. Manches Faktum wird unbrauchbar, wenn es zu einer Bestätigung oder Aufklärung eines andern bedarf, und dieses vergeblich erwartet wird. So hängt es gar oft nur von einigen glücklichen Ereignissen ab, um den Karakter eines Volkes in das erforderliche Licht zu sezen. Denn einem gelingt dann nicht selten in Tagen, was der Andere Jahre lang vergebens gewünscht hat. —

Ich könnte noch mehrere Ursachen anführen, die die Bestimmung des Karakters einer Nation erschweren, wenn ich dem tiefen Raisonnement meines Gewährsmanns *) folgen wollte, allein ich glaube

*) Dieser ist der Uebersezer des engl. Büchleins: Karakteristik der Niederländer, 8. Gotha 1791. aus welchem, so wie aus Marschalls Reisen und aus Knigae's Uebersezzung des holländ. Werkgens: Ueber den gegenwärtigen Zustand des gesellschaftlichen Lebens in den vereinigten Niederlanden, diese wenigen Bogen zusammengesezt sind.

glaube bereits genug zu meinem Zwecke gesagt zu haben. Der mir vorgeschriebene Raum ist klein, daher eile ich zu der Sache selbst.

———

Die Holländer besizzen vielleicht unter allen Nationen am wenigsten oberflächlichen Schimmer, der in andern Ländern so sehr gesucht und so hoch geschäzt wird. Ihre Neigungen sind zu ernsthaft, als daß sie ihre Zeit auf jenes Aeusserliche verlieren sollten; ihre beständige Aufmerksamkeit auf Geschäfte des Augenbliks erlaubt ihnen nicht, einen Werth auf dasselbe zu sezzen, oder es für etwas mehr, als artige Bagatellen zu betrachten. Nicht der Mann, der stolz auf jene leere Eigenschaften ist, wird sich Gewicht bei ihnen geben können, auf den wahren innern Werth desselben nehmen sie Rucksicht und schäzzen ihn darnach.

Dies behagt nun freilich den Forderungen mancher reisenden Abentheurer, deren schöne Aussenseite diese behutsamen Beobachter nicht zu täuschen vermag, wenig; daher geben sie ihnen gar gerne den Beinamen einer plumpen und ungefälligen Nation. Wir werden wohl in der Folge noch hören, mit welchem Rechte? — Zu gut mit den schönen Karakteren bekannt, die einige ihrer Nachbarn, vorzüglich die Franzosen und Deutschen bei Gelegenheit

genheit annehmen können, laſſen ſich die Holländer nie von dem ſchönſten und vortheilhafteſten An‍ſchein betrügen. Aber dieſe genaue Behutſamkeit artet gar häufig bei dieſem Volke in eine verächt‍liche Gleichgültigkeit gegen Perſonen aus, deren Glücksumſtände nicht groß und geſichert genug ſind. Man kennt die Urſachen dieſer rauhen un‍freundlichen Gemüthsſtimmung, und erklärt ſie ſich aus ihren natürlichen und politiſchen Verhält‍niſſen. Da ſie durch die Gewalt des Reichthums allein ihr Land und ihr Anſehen erhalten, ſo bauen ſie leicht zu viel auf dieſen Grund ihrer Gröſſe, ihre Ehrfurcht für die Beſizer und Erwerber eines groſſen Vermögens iſt daher zu ausſchweifend, denn nur dieſe halten ſie ihrer Achtung werth. In andern Ländern kann eine Perſon, die auf mittel‍mäſiges Vermögen eingeſchränkt iſt, dennoch unter den Begüterten erſcheinen, ohne in dieſer Rückſicht ihnen nachſtehen zu müſſen. Der Mann von Ge‍nie und Verſtand wird Achtung finden, und man wird ihn auf gleichem Fuß mit Perſonen behandeln, die durch ihren Rang und ihr Amt wichtig werden. Nicht ſo in Holland, wo das Geld, ſo ſehr es auch in andern Ländern geſchäzt wird, doch in gröſſerm Anſehn ſteht, als ſonſtwo. Umſonſt legt der, welcher keines beſizt, ſeine Talente und Fä‍higkeiten an den Tag, ja oft gereichen ihm dieſe zum Vorwurf, daß er ſie nicht anwendet,

um

um sich Vermögen und durch dieses Ansehen zu verschaffen.

Diese übertriebene Neigung für den Reichthum ist die Grundursache jener Ungeschliffenheit in den Sitten, worüber die Fremden so sehr klagen. Allein ich glaube, daß man hier zu weit geht, und daß die Holländer im Ganzen ein sehr schäzbares Volk sind, das eben so viele gute Eigenschaften hat, als eines ihrer benachbarten. Sie sind freundlich und redlich, versprechen nicht mehr als sie halten können und wollen, besonders die Vornehmen haben eine Höflichkeit und ungezwungene Leichtigkeit, die sie sehr angenehm macht. Die Gemüther sind gar sehr verschieden, da die grosse Menge Fremder aus allen Völkern und Ständen viel von der Einförmigkeit des Nationalkarakters hinwegnehmen müssen.

Hauptsächlich ist bei dem Pöbel eine grosse Hochachtung für den Reichthum zu finden. Er kennt sonst keine andere Veranlassung zur Ehrerbietung, und wird durch seine Rohheit und Ungeschliffenheit denen, von welchen er sich nichts zu versprechen hat, unerträglich. — So wie keine Nation empfindlicher für die Grösse und das Ansehen ist, das aus dem Besiz der Reichthümer entspringt, als die Niederländer, so übertrift sie auch keine in dem eifrigen Bestreben, sich jene zu erwerben. Was auch an der Beschuldigung eines phlegmatischen Temperamentes in andern Rüksichten wahr seyn mag, so stehen sie doch in Verfolgung des Geldes an Thätigkeit und Wärme den lebhaftesten Nationen nicht nach. Belebt von dieser ihrer herrschenden Leidenschaft werden sie ganz andere Menschen, und sind voll Munterkeit, die ihnen bei andern Gelegenheit so fremd ist.

Dieser Durst, weniger nach dem Gewinn selbst, als nach der Größe und dem Ansehen, das er giebt, scheint der wahre, ächte Karakter der Niederländer zu seyn, da weniger der Genuß des Reichthums, als der Besiz desselben ihr Endzwek ist. Wie verschieden hievon sind die handelnden Klassen der Einwohner in andern Ländern, vorzüglich in England und Frankreich, wo der Endzwek des Erwerbs von Reichthum das Vergnügen ist, das seine Anwendung gewährt, und wo die Gewohnheit, ihn aufzuhäufen, bei weitem nicht so allgemein ist, als in Holland. Hier findet sich mehr, als in irgend einem andern Land ein Ueberfluß von Menschen, deren Ehrgeiz, Vergnügen, Glück und Ansehen einzig und allein im Besiz von Geld besteht.

Hang zu Reichthümern erzeugt Sparsamkeit, denn diese ist mit der Thätigkeit verknüpft, die Mutter derselben. Wer aber sparsam lebt, lebt in gewissen Betrachte auch mässig. Dis nun findet man bei den Holländern allgemein. Ihre Vergnügungen sind so einfach, als möglich. Sie ru-
hen

hen z. B. des Sonntags auf einem Landhauß von den Beschäftigungen der Woche aus, machen einen kleinen Familienbesuch, einen Nachmittagsspazier= gang, um die frische Luft zu genießen, oder wid= men sich einem Spiel, das auf Leibesübung und Stärkung der Gesundheit abzwekt. Andere Lust= barkeiten scheinen dem Karakter der Einwohner so wenig angemessen, daß nur der Zusammenfluß von Fremden veranlaßt hat, daß sie ein wenig damit bekannt worden sind. Wir finden selten, daß in den Niederlanden Equipagen, Gastereien, Kon= zerte, Assembleen, Bälle und alle die Dinge, die das, was man auf einen großen Fuß leben nennt, begleiten, die Umstände der Personen aus den hö= hern Ständen zerrütten. Die Stille und die Ord= nung, die sie in ihren häuslichen Geschäften beob= achten, bilden eine fortdaurende gute Einrichtung, die den glücklichsten Fortgang auf alle ihre Unter= nehmungen hat. Dieser Geist von Genauigkeit bewirkt auch, daß alle diejenige Dinge, die in andern Ländern Anreizungen zu Schwelgereien ge= ben, bei ihnen nur Mittel sind, mit Bequemlich= keit und Anstand ein ruhiges, vergnügtes Leben zu führen. So können die Versuchungen des Reich= thums und des Fortgangs in ihren Geschäften sie nicht verleiten, die Bahn einer sparsamen Sorg= falt zu verlassen, zu der sie ursprünglich auferzo= gen worden sind. Durch eine lange und beständ=

dige Gewohnheit sind sie so vertraut mit jener Lebensart, daß sie keine andere annehmen könnten, ohne ihren Neigungen Gewalt anzuthun. Ihre Häuser und Hausgeräthe sind nett, ohne kostbar zu seyn, Ihre Landsizze elegant, ohne Pracht, in beiden herrscht eine bestimmte Ordnung von Verrichtungen, die unverlezlich beobachtet wird. In den Palästen in London und den unzähligen Lusthäusern, die England zur Zierde gereichen, findet man alles, was Pracht und Geschmak unter Leitung der Reichthümer und Freigebigkeit nur immer hervorzubringen vermag. In Holland ist der Hausrath von der Art, den man in England hübsch nennt, hat aber mit dem keine Aehnlichkeit, der dort die Häuser des hohen und reichen Adels schmükt. Inzwischen muß ich doch bemerken, daß die den Holländern natürliche Reinlichkeit, daran die meisten Leute Gefallen finden und die gewiß nicht übertrieben ist, ihre Zimmer viel gefälliger macht, als jene, welche in Italien und Frankreich mit dem prächtigsten Geschmack verzieret sind. Die Engländer sind sicherlich so reinlich nicht, als es Leute vom höchsten Stande in Holland sind, allein die Vermischung von Nettigkeit und Auszierung, die auf jener Halbinsel anzutreffen ist, übertrift alles, was man weder in Holland, noch in Frankreich und Italien findet.

Diese

Diese Sparsamkeit der Niederländer, die so oft lächerlich gemacht worden ist, ist das wahre Kapital, woher sie ihre wesentlichsten Unterstüzzungen gezogen haben. Alle Fremden, die sich nicht von ihrem eigenen Karakter verführen lassen, kommen endlich bei näherer Bekanntschaft und Untersuchung dahin, daß sie das achten, was sie anfänglich aus Unwissenheit verachten zu müssen glaubten.

Jene entschlossene, von den Einwohnern sich zum Gesez gemachte Sparsamkeit in ihrem Privatleben, gab dem Staat die dauernde und beträchtliche Unterstüzung, die dem gemeinen Wohl erlaubt, sich über alle Schwierigkeiten zu erheben. Spanien mußte nothwendig alle Hofnung aufgeben, die Niederlande zur Unterwürfigkeit zurükzubringen, als es von der häuslichen Lebensart der Häupter dieses Staats, von der Einfachheit ihrer Kleidung, von ihrer wohlfeilen Art zu reisen, und von dem wenigen Kosten und Zeremonien, mit denen sie die wichtigsten Geschäfte verhandelten, unterrichtet wurde.

Der größte Aufwand, den die Holländer meines Erachtens machen, ist, wenn man die Sache vergleichungsweise betrachtet, bei der Tafel. Man muß nicht glauben, daß alles in diesem Lande auf die wirthlichste Art und nach Beschaffenheit des vorigen Jahrhunderts eingerichtet wäre; nein, die Dinge haben eine grosse Veränderung und Verbeſ-

serung

ferung erlitten. Der Geschmack ist weit zierlicher. Ich bin bei Gastungen gewesen, wo ihre Tafeln auf die niedlichste und überflüssigste Art besezt waren, wo ich mehrere Weine sah, als bei Personen von gleichem, oder auch wohl grösserm Vermögen in England, oder Frankreich gewöhnlich zu seyn pflegt. Bei gewissen Gelegenheiten, als bei Hochzeiten, bei der Geburt eines Sohnes, oder Erben, bei der Ankunft eines Sohnes, oder Freundes aus Ostindien u. s. w. stellen die Holländer grosse Gastereien an. In Amsterdam war unser obengenannter Engländer bei einem solchem Schmaus, wo acht Tafeln viermal und jedesmal mit hundert Schüsseln besezt wurden.

Allein dis ist doch was seltenes und hat nicht den mindesten Einfluß auf ihre weise Oekonomie, die von einer Industrie begleitet ist, deren duldsame und unablässige Ausübung sie mit Recht mehr, als alle andere Nationen berühmt gemacht hat. Ohne Zweifel ist ihr Nationalkarakter aus einer gleichen Mischung von Arbeitsamkeit, Redlichkeit und Beharrlichkeit zusammengesezt. Durch die unwiderstehliche Wirkung dieser drei mächtigen Eigenschaften, bewirkten sie den glücklichen Erfolg mancher Entwürfe, zu deren Ausführung die grösten Bemühungen ohne jene vereinigte Kraft, würden unzureichend gewesen seyn. Dahin gehörten zum Beispiel jene wundervollen Unternehmungen, durch

die

die sich ihr Geist so vorzüglich auszeichnete, da sie die Rohheit und Verkehrtheit der Natur den wohlthätigsten Planen unterwürfig machten, und dieses gegen alle Erwartung mitten unter zahllosen Schwierigkeiten bewürkten. Sie hatten den Muth, dieses zu beginnen, und die Standhaftigkeit, nicht eher abzulassen, bis sie vermöge der hartnäckigsten Arbeit sowohl, als der weisesten Einrichtungen jenes grosse Werk vollendet hatten, durch Eindeichen ihres Landes die unermeßlichen Wasserfluthen abzuhalten, die einen so grossen Theil davon mehrere Zeitalter hindurch überschwemmt hatten.

Noch ausser diesen wundervollen Werken, die edelsten Denkmähler menschlicher Industrie, haben die Niederländer mit nicht weniger Anstrengung und Arbeit sich bemüht, die Flüsse und Meere, die ihr Land umgeben, sich unterwürfig zu machen; beide in vergangenen Zeiten die beständigen Gegenstände von Schrecken und Unruhe. Itzt haben sie aus ihnen die vorzüglichsten Bollwerke gemacht, auf welche sie sich in Ansehung der Beschützung und Sicherheit ihres Landes gegen den Angriff eines Feindes verlassen. Dieses haben sie bewirkt, indem sie an ihren Grenzen unzählige Schleussen anlegten, vermittelst deren sie auf die mindeste Ahndung von Gefahr die schnellsten Ueberschwemmungen veranstalten, und in wenigen Stunden die Möglichkeit zu ihnen zu kommen, abschneiden können.

Auch

Auch in Geschäften von geringerer Wichtigkeit begleitet sie eben diese Aufmerksamkeit, und dieser Fleiß, den sie in den izt beschriebenen gröſsern verriethen. Auſſer andern Beispielen hievon bewirken sie, um die Kosten und Arbeit zu gewinnen, die verlohren würden, wenn Schiffe und Schiffleute nur zu diesem einzigen Endzweck bestimmt wären, die Einfuhr des Marmors dadurch, daß ihn ihre von Italien nach Hause zurückgehenden Schiffe, als Ballast mitbringen müſſen. Durch diesen nicht weniger gut ausgedachten, als sparsamen Weg ist jenes Material in solcher Menge an öffentlichen sowohl, als Privatgebäuden sichtbar, daß ein Fremder billig erstaunt, welcher weiß, daß man kein Stückchen davon in Holland selbst findet.

Aber ohnerachtet dieser nirgends so sichtbaren Industrie und Sparsamkeit, die den Karakter der Niederländer so sehr auszeichnen, haben sie doch keinen Einfluß mehr über sie, wenn sie fürchten, daß sie dem allgemeinen Wohl nachtheilig werden könnten. Zu ihrer Ehre wissen sie vollkommen, wie sie jene Neigungen mit den drückendsten Ausgaben und dem beschwerlichsten Ungemach vereinigen sollen, wenn Zeit und Umstände dieses erfordern. Daher unterhielten sie zu verschiedenen Zeiten so grosse Flotten und Armeen, daher entstanden die grossen und zahlreichen Arsenalen, die man über-

überall in ihren Provinzen antrift, und die bis vor kurzem die grösten Staaten in Europa nicht von gleichem Gehalt besassen, daher was in einem Handelsstaat noch mehr zur Bewunderung hinreissen muß, jene heroische Gedult, mit welcher sie jenen grossen, vielfachen Verlust ertrugen, der die vorhergesehene unvermeidliche Folge der freiwilligen Ueberschwemmung ihres Landes war, die sie veranstalteten, um den Einfall der Franzosen zu vermelden.

Eine männliche Tapferkeit Hindernisse fröhlich zu bekämpfen, und Unfälle ohne Verzweiflung zu ertragen, ist ein vorzüglicher Karakterzug dieses Volkes, sowohl in ihren privat= als in ihren öffentlichen Verhältnissen. Beweise hievon sind unzählich, vorzüglich in der Menge ihrer unermüdlichen Bemühungen, Besizzungen auswärts anzulegen, an Orten, wo minder geduldige Unternehmer ihres Endzwecks sicher verfehlt hätten, und wo das arbeitsame Ausharren der Theilnehmer gegen alle Hinderungen und Widerwärtigkeiten der einzige Grund des glücklichen Erfolgs war.

Dieser unbeugsamen Festigkeit, das mit Entschlossenheit zu vollenden, was sie einmal angefangen haben, steht die Ruhe und die Fassung um keine Stufe nach, mit welcher Personen, die Handlungsgeschäfte treiben, den Umsturz ihres Glücks ertragen. Sie zeigen hierinn eine Grösse.
der

der Seele, um derentwillen sie schon lang mit Recht gepriesen worden sind. Was auch die Ursache davon seyn mag, so trägt sie doch bei, sie zu den ruhigsten und vergnügtesten Sterblichen zu machen. Meiner Meinung nach scheint sie darinn zu liegen, daß, da sie von Natur jener Entzükkungen von Freude unfähig sind, die sich bei lebhaftern, leicht blutigern Nationen finden, sie auch den Druck des ihnen zum Gegengewicht gegebenen Kummers, der gewöhnlich das Loos jener kurzen Fröhlichkeiten ist, weniger unterworfen sind. Aus diesem Grund besizt kein Volk mehr von jener verständigern Glükseligkeit, die aus dem Gleichmuth entspringt. Wenn dieser gleich nicht die höchste Stufe des Glücks ist, so ist er doch auch weniger der Unterbrechung von den Zufällen des menschlichen Lebens unterworfen, und in dieser Rüksicht macht er die Lage der Personen, die ihn besizen, sehr viel vorzüglicher, als jene höhere Stufe von Glük selbst.

Die Regel des Horaz:
> Nil admirari, prope res est una
> solaque, quae possit facere & servare
> beatum. —

scheint der Wahlspruch der Niederländer zu seyn. Wenige Gegenstände können bei ihnen jene Ausbrüche von Bewunderung und Beifall hervorbringen, die anderwärts so gemein sind. Sie betrachten

ten alle Sachen, nicht gerade mit Gleichgültigkeit, aber mit einer Kälte, die sie sichert, nicht mehr, als den wahren Werth auf sie zu legen, und die den Betrachter nicht der Gefahr aussezt, sich von einem ungegründeten Vorurtheil ihrer ausserordentlichen Vortrefflichkeit hinreissen zu lassen. Daher finden sie nur wenig Vergnügen an jenen weithergeholten und theuer erkauften Moden und Erfindungen luxuriöser Pracht, auf deren Genuß so viel Zeit und Geld von andern wißbegierigen und verfeinerten Nationen verschwendet wird, wenn anders jene Beiwörter auf Personen passen, die die Natur solcher Gegenstände geändert, und sie, statt sie nur bei gewissen Gelegenheiten für brauchbar anzusehen und zu benuzen, zu gewöhnlichen und nothwendigen Erfordernissen guter Gesellschaft gemacht haben. Die natürliche Folge davon ist, daß während in England, Frankreich und in andern Ländern, wo Szenen der Verschwendung häufig sind, auch die Glücksumstände ihrer Einwohner so häufig Schiffbruch leiden, und vornehme Familien zur Dürftigkeit herabgesezt werden, in Holland, wo in keinem, noch so geringen und kleinen Gegenstand Verschwendung geduldet wird, durch die beständige Ausübung dieser Sparsamkeit bei allen Gelegenheiten auch von mittelmäßigen Einkünften im Lauf einiger Jahre beträchtliche Summen zurückgelegt werden, und für unvermuthete häusliche Unfälle eine anständige Fürsorge getroffen werden kann.

Unter diesen Voraussezungen kann man mit Gewißheit behaupten, daß in allem, was Geldgeschäfte betrift, die Niederländer ohne Zweifel das erfahrenste Volk sind, da sie mit der Kunst, Reichthümer zu erwerben, auch die Wissenschaft, sie zu erhalten, verbinden. Kein Land kann sich daher in Ansehung der Anzal solcher Einwohner, die, wo nicht Reichthümer, doch ein vollkommenes Auskommen besizen, ihnen gleich stellen. Dieses ist in der That die nothwendige Folge jener allgemeinen Sorgfalt und Ordnung, die sie so auszeichnend karakterisirt, deren Ausübung so ausgebreitet und gemein ist, daß entgegengesezte Neigungen ihnen fremd und nur wenig bekannt sind, welche auch, wenn sie sich irgendwo finden, als höchsttadelhaft und unanständig betrachtet werden.

Daher gelangen sie mitten unter Taxen und Auflagen für öffentliche Bedürfnisse, die kein anderes Land kennt, und von denen Fremde, bis sie mit der innern Politik des Landes bekannt werden, sich keine richtige Idee bilden können, zu einem blühenden Zustand, werden reich, erreichen einen Gipfel von Glück, dem wenige Völker gleich kommen, und den gewiß noch keine Nation, der die Geschichte gedenkt, überstiegen hat. Ludwig der Vierzehnte, der eitel genug war, seine Regierung

für

für mild und dem Wohl seiner Unterthanen ange»
messen zu halten, erstaunte oft, wenn er die Lasten,
die er seinem Volk aufbürdete, mit denen verglich,
welche die Niederländer sich selbst freiwillig auf=
legen, und wenn er alsdann fand, wie unverhält=
nißmäßig größer die leztern waren, und wie sehr
gleichwohl Holland in Verhältnis der Länder, die
es besaß, Frankreich an Volksreichthum, Wohlstand und Macht übertraf. Freilich war es für
einen unumschränkt herrschenden despotischen König
nicht leicht, den verschiedenen Einfluß zu entdekken,
den der Genuß politischer Freiheit, oder der Zu»
stand uneingeschränkten Gehorsams über die mensch»
liche Seele gewinnen, wie sehr der erstere den Geist
erhebt, und ihm durch die Aussicht auf jene Sicher«
heit, welche das Leben aller unserer Bemühungen
für Erwerb und Verbesserungen unseres Zustandes
ist, den Entschluß einzuflößen, sich, so sehr er kann,
hervorzuthun, und wie sehr hingegen der lezte den
Geist unterdrückt, und seine Kraft und Bestrebun=
gen durch den Gedanken schwächt, wie unsicher un»
ser gegenwärtiger Zustand ist, wenn wir ihn auch
durch unsere Industrie izt noch so glücklich und von
dem besten Erfolg begleitet sehen. Betrachtungen
dieser Art machen uns das begreiflich, worüber je»
ner ehrgeizige Monarch sich mit so vielem Grund
verwunderte, daß nämlich ein Staat, der kaum
den funfzehnten Theil dessen besaß, was jenem

B 2   eigen

eigen war, doch es wagte, ihm Troz zu bieten, daß die Niederländer ununterstüzt, verlassen, ja sogar mit gleicher Ungerechtigkeit und niedriger Politik von einem nicht minder furchtbaren Nachbar angefallen, dennoch Kraft genug haben sollten, seiner ganzen Landmacht sich zu widersezen, und zur See so die Oberhand über ihn zu gewinnen, daß er sich genöthiget sah, sich ganz auf den Beistand ihrer einzigen Nebenbuhler auf diesem Element zu verlassen, und endlich, daß sie fähig sein sollten, nächst England den beträchtlichsten Theil jener der französischen Macht so gefährlichen Allianz auszumachen, die der ein halbes Jahrhundert gedauerten glücklichen Laufbahn derselben ein Ende machte, und durch eine Reihe von Siegen, woran die Niederländer einen sehr großen Antheil hatten, ihre Flotten zerstörte, und ihre Armeen so wiederholt und entschieden überwand, und in die Flucht schlug, so daß ihr zulezt kein Mittel übrig blieb, als die Milde ihrer Feinde anzuflehen, und auf die demüthigste Weise den Frieden von ihnen zu suchen.

Mancher Reisende hat uns die Niederländer als ein rohes, ungesittetes und übel erzogenes Volk geschildert. Die Behauptung ist auch ganz richtig, so lange wir nur bei den untern Klassen verweilen. Aber wenn wir sie auch auf die bessern Stände ausdehnen wollen, so kann nichts falscher seyn. Es ist wahr, daß sie weniger gesellig und weniger zur schnellen Vertraulichkeit mit Personen, die ihnen noch unbekannt waren, geschaffen sind, als z. B. die Franzosen, die nach Erasmus mit allen Leuten beim ersten Anblik wie mit alten Freunden und Bekannten umgehen. Aber sie sind gesprächig genug für einen vernünftigen Mann, der mit schlichten, guten Sitten zufrieden ist, und die Gelegenheit, eine gute Antwort zu geben, nicht in einem eiteln Fluß leerer Worte sucht. In der That sind die Niederländer ein aufrichtiges Volk. Da Fleiß und Arbeitsamkeit die einzigen Wege sind, die sie zu betreten suchen, und die einzigen Hülfsmittel, auf die sie sich verlassen, so suchen sie weder, noch bedürfen sie mehr Feinheit in ihrem Betragen. Sie zeigen darinn gewöhnlich viel Einfachheit und Freimüthigkeit. Offenheit des Denkens und Freiheit des Sprechens sind den meisten von ihnen eigen; selten sind sie in List und Betrug erfahren, und ihre natürliche Plumpheit macht sie ohnehin dazu ungeschikt. Wenn sie auch die Kunst zu gefallen vernachläßigen, so darf man sich doch nicht über Mangel der Menschenliebe bei ihnen beklagen; häufige Beispiele beweisen, daß sie diese nie ausser Acht lassen. Daß sie von einer freundschaftlichen Gemüthsart sind, und leicht mit sich umgehen lassen, sezt die Anzahl der Fremden ausser Streit, die sich in Holland niederlassen, und ihr Fortkommen daselbst finden, ohne die Eifersucht der Eingebornen rege zu machen. Vielleicht sind sie unter dem ganzen Menschengeschlecht die, welche am wenigsten den Fehler haben, ihre Nation andern vorzuziehen; sie theilen vielmehr ihren guten Willen und ihre Gunstbezeugungen allen mit, welche sie verdienen, ohne lange ihre Religion oder ihr Vaterland zu untersuchen.

Man hat sie beschuldigt, daß sie nicht gastfrei, sondern zurückhaltend gegen die Fremden wären. Allein man betrachte die Menge derselben in Holland, den Verdacht, dem der Karakter von mehreren ausgesezt ist, und die Ungewißheit, die wenigstens den der meisten unter denselben begleitet, und man wird es vernünftig und klug finden, wenn sie sich Zeit nehmen, die Eigenschaften ihrer Gäste durch die einzige sichere Probe, das Betragen derselben, zu untersuchen. Ist dieses lobenswürdig, so versichern sie ihnen in jedem Fall alle Unterstüzung, die sie zu erwarten berechtigt sind.

So ist es ohngefehr mit dem Vorwurf beschaffen, den man ihnen macht, daß sie nichts weniger als freigebig und äusserst schwer zu Geldunterstüzungen zu bewegen sind. Diß läßt sich theils aus dem beständigen Endzwek erklären, den ihre unaufhörliche Wachsamkeit ihrem Geld anweißt, theils aus der Erfahrung, die die meisten von ihnen gemacht haben, daß wenige Personen, die auf die Gelegenheit aufmerksam sind, sich in

die

die Nothwendigkeit geſezt ſehen, zu der Güte an:
derer ihre Zuflucht zu nehmen. Dieſe Betrachtun:
gen tragen vorzüglich dazu bei, ihre Herzen gegen
ſolche Perſonen zu verhärten, die ſelbſt Schuld an
ihrer Armuth ſind, und daher wenig oder kein An:
ſehen bei den Niederländern haben können.

Wohlgefallen an großen Reichthümern und
Uebermuth darauf ſind die Modelaſter der Nieder=
länder. Diß nun erzeugt freilich eine Art von
Gleichgültigkeit gegen die, welche ihnen in dieſer
Rückſicht nicht gleich kommen, allein wir müſſen
ihnen dafür mehrere gute Eigenſchaften, die jenem
Fehler das Gleichgewicht halten, zugeſtehen. So
wie die Römer, obgleich in dem erſten Zeitalter
ihres Sein's, roh und wild, dennoch unter vielen
Umſtänden edel und großmüthig waren — vielleicht
nie mehr, als zu jenen Zeiten — ſo haben auch
die Niederländer mitten in ihrer Sucht nach Ge=
winn, die ihre herrſchende Leidenſchaft iſt, eine
wahre und thätige Aufmerkſamkeit auf alles gezeigt,
was zum Wohl jedes Theils des Staats beitragen
konnte.

Durch eine Kette von Anordnungen, welche
mit der umſtändlichſten Genauigkeit ſich auf die
innere Lage des Staates bezieht, muß jedes, wenn
gleich noch ſo unbekannte und ſcheinbar unbedeuten=
de Glied, aus dem er beſteht, auf gleiche Weiſe
zum öffentlichen und zu ſeinem beſondern Beſten

B 4   bei=

beitragen, indem sie die Wurzel der Trägheit im Keim erstikken und jeden antreiben, seinen Fähigkeiten gemäß zu arbeiten. Daher sind ihre Gefängnisse, ihre Zuchthäuser, und selbst ihre Hospitäler, zu Sizen der Arbeitsamkeit und Industrie gemacht. Jeder, dem sein Schiksal eines derselben zum Wohnplaz bestimmt, findet sogleich eine seiner Fähigkeit und Gesundheit angemessene Beschäftigung. Daher ist in jedem Winkel dieses Landes Beschäftigung geehrt und gesucht, Müßiggang aber verabscheut; selbst der Alte und Schwache ist nicht von Arbeiten befreit, zu welchen die Natur ihnen Stä ... genug gelassen hat. Dieses erwartet und fordert man von ihm, nur die äusserste Unfähigkeit vermag von dieser Pflicht zu entbinden.

So entsteht eine Neigung zur Geschäftigkeit und Arbeit, die alles hervorruft, was Geschiklichkeit und Erfindungskraft hervorbringen können. Kein Land zählt so viele nüzliche Erfindungen über die Gegenstände des bürgerlichen oder häuslichen Lebens auf. Die, welche die Niederländer eines schwerfälligen Geistes beschuldigen, können sich bald von ihrem Irrthum überzeugen, wenn sie auf die Mannigfaltigkeiten der Produkte jeder Art aufmerksam sind, die man der thätigen Fruchtbarkeit ihrer Einbildungskraft und der wundervollen Unermüdlichkeit ihrer Anstrengung verdankt. Der unermüdeten Wachsamkeit ihrer Regierung über jede Klasse

ver=

verdankten die Niederlande lange die glückliche und ehrenvolle Befreiung von Bettlern, jener Plage gesitteter Länder. Bis ganz vor kurzem wurde keiner in Holland geduldet, und ohnerachtet der Erschlaffung der jezigen Polizei in dieser Rüksicht sind ihrer doch so wenige in Vergleichung der Zahl, die andere Länder überschwemmt, daß man ihrer kaum erwähnen sollte.

Vorgefaßte Meinungen waren nie ein Fehler der Niederländer. Wenn ein Mann die Gunst des Volks zu erlangen sucht, muß er es durch wirkliche Dienste thun. Rednerische Deklamationen werden wenig geachtet; das persönliche Verdienst des Sprechers allein kann dem, was er sagt, Gewicht geben. Und da ihre phlegmatische Gemüthsstimmung den schädlichen Einfluß rednerischer Künste wirksam verhütet, so helfen auch aufrührerische Schriften der Partei, von welcher sie herrühren, nichts, wenn nicht die Behauptungen, die sie enthalten, der strengsten Wahrheit gemäs und allgemein dafür anerkannt sind. Das Volk ist viel zu kalt und behutsam, um sich von bloßen Scheingründen täuschen zu lassen; Handlungen sind daher die einzigen Gegenstände, die sie in Erwägung ziehen. Nach diesen allein bilden sie ihr Urtheil, und auch nach diesen nicht eher, bis sie ganz ausser Streit gesezt sind.

Diese große Behutsamkeit des Temperaments und diese Langsamkeit in Fassung einer Entscheidung, bis sie sichere Gründe vor sich haben, sezt auch den persönlichen Ruf in Holland ungleich wenigerer Ungewisheit und Veränderlichkeit aus, als in andern Ländern. In diesen muß manche Person solche Abwechslungen von Lob und Tadel, von Billigung und Verachtung erfahren, daß sie zulezt unempfindlich für alles wird; eine Lage der Seele, die von sichtbar übelm Einfluß auf die Tugend selbst ist. Die Fortschritte in derselben hängen in nicht geringem Maas nicht blos von dem Beifall des Gewissens, sondern auch von der Belohnung ab, die ihr ein guter Ruf giebt. Jene Lage ist also auch von nicht minder übelm Einfluß auf den Staat selbst, da dieser seine Wolfart den Bemühungen seiner Oberhäupter, die Achtung und das Lob des Publikums zu verdienen, allein verdankt. Finden sie aber Lob oder Tadel ohne Ueberlegung und ohne Grund ertheilt, so werden sie ohne Zweifel von ihrem Eifer und ihrer Emsigkeit, das wahre Interesse des Staats zu befördern, nachlassen, und, um sich vor dem allgemeinen Haß zu sichern, und bei der Menge beliebt zu erhalten, werden sie sich mehr befleißigen, ihr zu gefallen, und ihren Einfällen gemäß zu handeln, als dem Staat wirklich zu dienen.

Die öffentlichen Bedienungen in Holland werden gewöhnlich mit ungemeinem Fleiß und Unverdrossenheit verwaltet, jeder widmet den Pflichten seines Amtes die lebhafteste Aufmerksamkeit; er erlaubt sich nur wenige von jenen Zerstreuungen, die in minder gut eingerichteten Staaten als so viele Privilegien und Vortheile betrachtet werden, die mit Erhöhung des Standes verbunden sind. Es giebt keinen Staat, der sorgfältiger auf Belohnung jedes Dienstes sieht, der zur Beförderung des allgemeinen Wohles geleistet wird. Bei Vertheilung der verschiedenen Aemter und Verrichtungen des Staats hat man aber auch keine überflüßige Bedienungen, keine, die in andern Ländern so sehr bekannt, und mit dem so eigenthümlichen Namen: sine curis, belegt sind. —

In keinem Lande kann ein urtheilsfreier Reisender mehr Gegenstände zur belehrenden Betrachtung finden, als in Holland; denn man kann mit Recht behaupten, daß alles, was menschliche Geschicklichkeit vermag, in diesem Lande ganz vorzüglich hervorgebracht ist. Themistokles war der Meinung, daß der sicherste Beweis von Geistesfähigkeit die Vergrößerung eines kleinen Staats sey. Dieser Gesinnung gemäs, entstand der Ruhm dieses großen Mannes weniger von seinem Sieg über die Perser bei Salamis, und von der Befreiung Griechenlands von den Einfällen dieses

Volkes,

Volkes, als von der Wiederherstellung des Staates von Athen und den Maasregeln, durch welche er das Ansehen und die Uebermacht seiner Landsleute über die übrigen griechischen Republiken gründete.

Was für eine Anzahl geschikter Staatsmänner muß, wenn jene Beobachtung richtig ist, zu dem Wohlstand der Niederländer beigetragen haben, die in ihrer Entstehung, wie ihr Denkspruch mit Wahrheit sagt, so klein waren, die aber in dem Wachsthum ihrer Stärke und ihres Ansehens so schnelle Fortschritte machten, und einer so ununterbrochenen Dauer von beiden genoßen.

Die Vereinigung der sieben Provinzen geschah im Jahr 1579, und schon im Anfang des 17ten Jahrhunderts hatten sie eine solche Stufe von Macht und Ansehen erstiegen, daß Europa anfieng, sie als eine der vorzüglichsten Mächte zu betrachten. Der Wachsthum ihres Handels und ihrer Reichthümer, und der Einfluß, den sie dadurch erhielten, ward so groß, daß sie als gleichgeltende Staaten mit den grösten Fürsten in Unterhandlungen traten, und ihre Verbindung allgemein gesucht wurde.

Obgleich die meisten ihrer Nachbarn ihrem Beispiel in Beförderung des Handels und Untersützung des Kunstfleises gefolgt sind, so bleibt doch Holland in beider Rücksicht allen seinen Nebenbuhlern und Nachahmern überlegen, die Engländer allein ausgenommen. Aber kein anderes Volk kann

kann Anspruch darauf machen, sich ihnen gleich zu stellen.

Kein Land ist, wo den Niederlassungen der Fremden so wenig Hindernisse wegen national, bürgerlicher oder religiöser Verhältnisse entgegenstehen, und durch die edle Gastfreiheit der Regierung, die mit einem anständigen Zutrauen Personen aller Länder in ihre Pflicht und Dienst aufnimmt, ist jedem die Theilnahme aller Privilegien zugesichert. Daher wurde es mit nützlichen Mitgliedern der Gesellschaft aller Gattung überflüßig versorgt. Seine Städte wurden mit Kaufleuten und Geschäftsmännern angefüllt, die aus Ländern hieher kamen, wo sie unter unpolitischen Bedrükkungen des Gewissens oder der bürgerlichen Freiheit leben sollten. Gleiche Handlungen von Ungerechtigkeit trugen nicht minder dazu bei, ihre Armeen mit vortreflichen Offizieren und Soldaten aus jedem Welttheil anzufüllen.

So wurde die Verlezung dieser gemeinschaftlichen Rechte der Menschheit, welche die Ursache ihrer erstern Auflehnung gegen einen tirannischen Oberherrn war, das Mittel, ihre Provinzen zu bevölkern, und sie kann als der vorzüglichste Kanal angesehen werden, durch welchen Reichthum und Macht ihrem Schoos zuströmen.

Gleich bei der Entstehung der vereinigten Niederlande wurden die Einwohner und Reichthümer

von

von Brabant und Flandern, dieſer in Rükſicht ihres ausgebreiteten Handels und ihrer Wohlhabenheit vorzüglichſten Staaten von Europa durch Verfolgung nach Holland getrieben. Der Anfang ihres Glüks und ihrer Erhöhung kann dem Verfall von Gent, Brügge und Antwerpen zugeſchrieben werden. Auf den Ruinen dieſer unglüklichen Städte ſtieg ihre Größe ſchnell empor, da eine ſolche Menge begüterter Bürger und fleißiger Kauf- und Handelsleute ihnen zuwuchs, die vormals Einwohner dieſer meiſt blühenden Pläze geweſen waren, und izt in Haufen dem Land der Freiheit und Sicherheit zueilten.

In der Mitte des vergangenen Jahrhunderts brachte ihnen der dreißigjährige Krieg nicht minder eine Vermehrung, da eine ſo zahlreiche Menge die Auftritte der Verwüſtung floh, die das unglükliche Deutſchland ſo lange anfüllten. Auch der Widerruf des Edikts von Nantes, der Frankreich ſeiner beſten Unterthanen beraubte, ſchafte der Bevölkerung und dem Reichthum Hollands einen neuen Zuwachs, der jedem der beiden vorigen faſt gleich kam.

Und noch immer dauert, obgleich in minderer Anzal, die Auswanderung aus andern Ländern nach Holland fort. Zeloten und Beförderer der Sklaverei haben dieſen Staat zwar oft den Zufluchtswinkel für den Auswurf und Abſchaum von

Europa

Europa genannt, aber dem ungeachtet ist er nicht selten in neuern Zeiten das Asyl einiger der berühmtesten Männer geworden.

Der unglükliche Kurfürst Friedrich von der Pfalz fand für sich und seine Familie einen anständigen Schuzort in Holland, nachdem seine Entwürfe in Böhmen misglükt waren, er aus seinen ererbten Besizungen vertrieben, und was noch schmerzlicher war, jene unedle Entziehung aller Unterstüzung von seinem Schwiegervater Jacob I. erfuhr.

Der Enkel dieses leztern Karl II. und sein Bruder Jacob fanden in diesem Lande Aufnahme und Beistand, welches um so merkwürdiger war, da es zu einer Zeit geschah, wo es höchst gefährlich war, sich ihrer anzunehmen.

Steigen wir von Monarchen zu Privatpersonen herab, so finden wir, daß es auch Holland war, wo im lezten Jahrhundert einige der berühmtesten Köpfe und Gelehrten sich hinflüchteten, um sich vor Bosheit und Verfolgung zu schirmen, und mit Ruhe ihre Untersuchungen in der Gelehrsamkeit und Philosophie zu verfolgen. Hier war es, wo der berühmte des Cartes die meisten jener Werke schrieb, die seinen Namen unsterblich gemacht, und Frankreich so viel Ehre gebracht haben, weil es ihn geboren hatte, ob es gleich sich weigerte, seinen Werth anzuerkennen, bis er nicht mehr war. Hier war es, wo eine Menge der glän=

glänzendsten Genie's und Gelehrten, die Frankreich hervorgebracht hat, eine Gastfreundschaft und einen Schuz fanden, die man ihnen um des falschen Religionseifers jener Zeiten willen, in ihrem Vaterlande verweigerte. Janison, Basnage, Saurin, und vor allen Bayle, waren Männer, die nothwendig dem Lande das grösste Ansehen verschaffen mußten, welches ihre Verdienste anzuerkennen fähig war, und das so gut verstand, denselben mit der Achtung zu begegnen, die sie verdienten. Erinnern wir uns der edelmüthigen Aufnahme dieser berühmten Vertriebenen, so ist es nichts weiter, als Gerechtigkeit, wenn wir bekennen, daß sie in die Hände eines empfindungsvollen und verständigen Volks gefallen sind, das werth ist, als Freunde und Beschüzer der Männer von Talenten gerühmt zu werden.

Noch heut zu Tage besteht die nämliche Einrichtung in der Regierung der Niederlande. Keine Art vernünftiger Aufmunterung wird versäumt, um den Zufluß aller Personen zu bewirken, deren Geschiklichkeit dem Staat nüzlich werden kann, sei es durch Gelehrsamkeit, durch Einführung von Verbeßerungen, oder durch Anlage zur Arbeitsamkeit und Kunstfleiß, die in diesen Ländern als eine Eigenschaft vom höchsten Werth geschäzt, und daher durch eine nicht gemeine Sorgfalt und Aufmerksamkeit unterstüzt und gehoben wird.

Diese

Diese Wachsamkeit und dieser patriotische Eifer, der so häufig bei andern Nationen sich von der Mäßigung entfernt, und dann seine eigene Entwürfe zerstöhrt, wird in Holland von einer Ruhe begleitet, die mit Unpartheilichkeit die Schicklichkeit, oder Unschicklichkeit aller Maaßregeln abwiegt, und daher keine verwirft, von welcher der Staat sich einigen Vortheil versprechen kann, wenn sie gleich dem unbedachtsamen und von Vorurtheilen eingenommenen Mann ungereimt scheint.

Daher verliehen sie, ohnerachtet jener Empfindlichkeit, die sie in Ansehung der von den Katholiken erfahrnen harten Behandlung so natürlich fühlen mußten, diesen doch mit nicht minder Politik, als Menschenfreundlichkeit die ausgebreitetste Freiheit in Ausübung ihrer Religion. Sie sind des Rechts, Güter in den Niederlanden zu besizzen nicht beraubt; nur werden sie abgehalten, einen solchen Grad von Macht zu erreichen, der ihren Ehrgeiz erweken und sie anreizzen könnte, jenen unruhigen Widerwillen gegen alle andere Glaubensverwandte, dessen man sie beschuldigt, sehen zu lassen. Auf diese Art hat man Mittel gefunden, sie zu guten Unterthanen eines protestantischen Staats zu machen. Sie werden zu dem Dienst in Armeen und auf den Flotten zugelassen, und können in beiden einen gewissen Rang erreichen. Aber, um ihnen Gerechtigkeit widerfahfahren zu laſſen, auch von ihrer Seite haben ſie ſich dieſer, ihnen zugeſtandenen Vortheile durch treue Erfüllung ihrer verſchiedenen Pflichten würdig gemacht.

Von dieſem glüklichen Geiſt allgemeiner Toleranz, rührt auch die menſchenfreundliche Aufnahme und Behandlung der Juden her. Ihr Reichthum und ihre Volksmenge übertrift die ihrer Brüder in jedem andern kriſtlichen Staat, und zu ihrer noch gröſſern Ehre, haben ſie hier eine ſtärkere Anzahl ehrwürdiger Karaktere aufzuzeigen als ſonſt irgendwo.

Dieſe gänzliche Befreiung von Religionsdruk und Vorurtheil iſt um ſo merkwürdiger, da ſie ſich in einem Lande findet, welches vormals ſo ſehr zum Eigenthum der Kirche gehörte, daß alle kleine Beherrſcher ſeiner einzelnen Provinzen ſich ſelbſt als Vaſallen des Biſchoffs von Utrecht bekannten. Erſt in den Tagen Karls V. hörte dieſer geiſtliche Fürſt auf, der oberſte Lehnherr von mehr, als zwanzig Herrſchaften in den Niederlanden zu ſeyn.

Dieſe Gelindigkeit und Mäſſigung in den Grundſäzen und in der Ausübung der Regierung, war der vorzüglichſte Bewegungsgrund für die europäiſchen Mächte, Holland allen andern Ländern zu freundſchaftlichen Zuſammenkünften aller Partheien vorzuziehn; dort konnten ſie bei der herrſchenden Freiheit und Zwangloſigkeit, zu der alle

gleiche

gleiche Ansprüche hatten, sich der friedlichen Erörterung und Beilegung ihrer Streitigkeiten widmen. Bald nach der Gründung der Republik begann dieser Vorzug; wir finden, daß schon 1588, als die spanische Armada der grosse Gegenstand der Aufmerksamkeit Europa's geworden war, England, Frankreich und das deutsche Reich ihre Minister im Haag hatten. Wenig Jahre hernach wurde es der Mittelpunkt aller öffentlichen Verhandlungen. —

Nichts ist von den Niederländern vernachläßigt worden, was auf irgend eine Art dazu beitragen konnte, den Aufenthalt in ihrem Vaterlande annehmlich zu machen; nichts weder an Kunst, noch an Arbeit ist gespart worden, um diesen Endzwek zu erreichen, und man muß bekennen, nie haben sie sich einer Sache mit grösserem Erfolg gewiedmet. Ohnerachtet die Schönheit und die Verzierungen dieses Landes ganz allein die Folge dieser Ursachen sind, so haben sie doch dieselben mit so vieler Beurtheilungskraft angebracht, daß man auf keine Weise etwas davon wahrnimmt. Der Anblik der Natur während der schönern Jahreszeiten ist in diesem Land ausserordentlich blühend und munter, und erwekt den aufmerksamen Zuschauer zu so grösserm Erstaunen, wenn er überlegt, daß diese ganze glänzende Landschaft allein von der Geschicklichkeit, Anstrengung und Beharrlichkeit ihrer freien Einwohner hervorgebracht ist, und daß sie ohne anhaltende Wachsamkeit und Fürsorge schnell wieder in ihre vorige Trauer und Verwüstung zurüksinken würde.

Dies haben wir indessen nicht zu befürchten, wenn wir die Mühe bemerken, die angewendet wird, diesem Unfall zu begegnen, indem unzählige Hände beschäftigt sind, jeden Theil des Landes gegen die Verheerung der Elemente zu sichern. In keinem Staat ist das allgemeine Wohl näher mit dem besondern Wohl seiner Einwohner verbunden, als in diesem: sie empfinden auch diese Wahrheit vollkommen, und ihr gemäß scheint jeder dahin zu sinnen, dem Aker, den er bewohnt, jeden Grad von Sicherheit, Bequemlichkeit und Verbesserung zu geben, dessen er fähig ist.

Da ihre Industrie diesen Staat zum Siz der Fülle Wohlhabenheit und Reinlichkeit gemacht hat, so sieht er täglich aus allen Theilen Europa's Ankömmlinge, die weniger durch Neugierde, als von einer wesentlichern Absicht dahin getrieben werden; sie wünschen nemlich in diesem Land des Ueberflusses zu wohnen und an den Vortheilen, die den Fähigkeiten und dem Fleiß unter einer milden und weisen Regierung zuwachsen, Theil zu nehmen.

Nur Leute von dieser Art können wünschen, in einem Land sich niederzulassen, wo Anstrengung und Fleiß die einzigen Mittel des Erwerbs sind, und so erhält Holland keine andere Einwohner,

als

als die ein Kapital von Arbeitsamkeit und Thätigkeit mit sich bringen. In der That ist dieses allein schon ein unermeßlicher Schaz, und wenn wir aufmerksam auf die Erfahrung sind, so finden wir allgemein, daß er der vorzüglichste Grund der größten Glüksgüter ist.

Diesen Ursachen verdankt Holland seinen Volksreichthum, der niemals abnehmen wird, so lange es seine ersten Grundsäze von Mäßigung und Toleranz behält und so lange die diesen entgegen gesezten von den regierenden Mächten anderer Nationen ferner befolgt werden.

Bei dem Einfluß so vieler Gründe ist es nicht zu verwundern, daß eine solche Menge von Fremden ihren Aufenthalt in einem Theil der Welt nehmen, der für einen mit Ueberlegung handelnden Mann so einladend ist; wo ein Geist von Reinlichkeit und Zierlichkeit jeden Gegenstand verschönert, und wo jeder Vortheil zu finden ist, der in den grossen Verhältnissen des Lebens von Nuzzen seyn kann.

In dieser Ruksicht unterscheiden sich die Niederländer wesentlich von den Nationen, welche als die verfeinertsten in Europa geschäzt werden, und die, weil sie Meisterstüke der Kunst im Ueberfluß besizzen, unglüklicherweise die Kultur ihrer übrigen Güter vergessen, und ihre Aeker unangebaut liegen lassen, so daß sie nicht einmal die Bedürfniße der elenden Einwohner zu befriedigen vermögen.

Die Niederländer haben sichs zum Geschäfte gemacht, den verschiedenen Quellen der Fruchtbarkeit nachzuspühren und nichts unversucht zu lassen, um alles von der Erde zu erlangen, was Anstrengung und Industrie leisten könnten. Daher fehlt es nicht an den Produkten, die ihr Boden hervorzubringen geschikt ist, oder um eigentlicher zu reden, die endlose Sorge und Arbeit möglicher weise ihm abgewinnen können, ohnerachtet der Menge von Einwohnern, welche ihre Städte, Fleken und Dörfer ausfüllen, und das ganze Land so bedekken, daß kein anderer Theil Europa's eine gleiche Bevölkerung aufzeigen kann.

Man braucht kaum zu bemerken, daß das, was die Natur ihnen versagt hat, gewöhnlich durch überflüssige Einfuhr ersezt wird, und daß ihre Wachsamkeit und Vorsicht sich so weit erstrekt, daß sie beständig einen Ueberfluß besassen, wenn die fruchtbarsten Theile Europa's und selbst die, woher sie ihre vorzüglichsten Bedürfnisse in Menge zogen, oft durch Unüberlegtheit in den traurigsten Mangel versezt waren.

Tapferkeit kann man diesem Volke eben so wenig absprechen, als irgend einen seiner bisher berührten Vorzüge. Man weiß welche Thaten sie unter Moriz gethan haben. Keine Armee kam damals der gleich, die dieser Prinz angeführt hätte, es sei an Geschiklichkeit der Offiziere, oder an

Tapfer-

Tapferkeit und Mannszucht der Soldaten. Handlungen der heldenmüthigsten Unerschrokenheit waren unter ihnen gemein: so, um von allen nur eine zu erwähnen, verlangte einer dieser Soldaten von seinen Kameraden, daß er ihn tödten sollte, damit sein Husten den Feind, den man überrumpeln wollte, nicht aufmerksam mache.

Armeen, unter welchen Männer von dieser Art waren, konnten zu Lande den Spaniern vollkommen das Gleichgewicht halten, wenn diese gleich von einem Prinz von Parma und einem Spinola angeführt wurden; zur See fand keine Vergleichung statt, die Niederländer überwanden die Flotten jener Macht, bemächtigten sich ihrer, und zerstöhrten sie überall; sie drangen selbst in die Besizungen der Spanier in den entferntesten Welttheilen.

Diese Siege verdankten sie aber nicht allein dem Muth ihrer Mannschaft und der Anführung ihrer Generale, sondern eben so sehr der Weisheit und Wachsamkeit, mit der alle Unternehmungen entworfen wurden, und der Ordnung, in welcher sich die Verwaltung ihrer Finanzen befand.

Inzwischen ist es ein hervorspringender Zug in dem gegenwärtigen Karakter der Niederländer, daß sie ihren von Reichthümern entstandenen Uebermuth hauptsächlich die in ihren Diensten stehenden Militairpersonen fühlen lassen. Sie müssen durch die geringe Achtung, die man ihnen bezeugt, und wegen der genauen Forderung jeder Gattung von Pflicht, die ein Soldat zu leisten hat, die größten Demüthigungen sich gefallen lassen. Diese strenge Leistung von Gehorsam verlangen sie von allen, die in ihre Dienste treten. Geburtsadel macht so wenig eine Ausnahme hievon, daß es vielmehr oft scheint, als ob er durch Tadel und die strengsten Verweise, vorzüglich ausgezeichnet werde.

Man versichert, daß auf Veranlassung einer Stelle in der Armee, die dem leztern Statthalter in seiner Jugend entweder übertragen werden sollte, oder schon übertragen war, ein berühmter Bürgermeister, Gegner des oranischen Hauses, die Vermessenheit hatte, den Vorschlag zu thun, man solle diesen jungen Prinzen nach Batavia schicken.

Nicht weniger zeugte ihre übermüthige Behandlung der Reichsfürsten, deren Truppen und Personen in ihrem Sold standen, von ihrem Stolz und ihrer Anmassung, denn erforderten Geschäfte ihre Gegenwart, so waren sie gewohnt, ihnen mit derselben Unbedingtheit und mit eben so wenigen Formalitäten Befehle zuzuschicken, als ein General gegen seinen Subalternoffizier zu thun pflegt.

Diese Bekanntschaft und aus Erfahrungen geschöpfte Ueberzeugung von dem Uebergewicht der Reichthümer über das menschliche Herz, scheint sich nie von den Betrachtungen der niederländi-
schen

ſchen Groſſen zu trennen; ſie iſt die Wurzel jenes Selbſtgefühls von Wichtigkeit, das ſich in allen ihren Handlungen verräth, und das ſie aufs höchſte höflich, aber nie verbinden werden läßt.

Daher iſt in Holland jene geſellſchaftliche Vertraulichkeit ſo ſelten, die alle Rückſichten entfernt, ausgenommen die, welche ſich auf Anmuth der Unterhaltung und auf perſönliches Verdienſt gründet. Montesqueus Beobachtungen über die Banden einzelner Individuen in England untereinander, die Konföderationen ähnlicher, als Freundſchaften ſind, iſt noch viel anwendbarer auf die Holländer, deren Verbindungen augenſcheinlich ſich nur auf die gegenſeitigen Verhältniſſe ihrer Geldangelegenheiten beziehen.

Aus dieſem Beweggrund entſpringt jene Miſchung mehrerer Perſonen der höhern und niedern Klaſſe. In Holland herrſcht unter ihnen eine Sympathie, die ſonſt überall unter den Gliedern dieſer einander entgegen ſtehenden Geſellſchaftsklaſſen unbekannt ſind. Sie entſteht hier aus der Annäherung aller Stufen welche die Gleichheit der Güter unter einer Nation wirken muß, wo alle blos wörtliche Unterſcheidungszeichen des Ranges verachtet ſind, und keine Titel einen Werth beſizzen, als die mit obrigkeitlichen Aemtern und andern wirklichen Geſchäften verbunden werden. Dieſe ausgenommen beſtimmt Reichthum allein den Rang und einige andere Ansprüche darauf werden wenig bemerkt. —

Daß seit der leztern unglükseligen Revolution und früher schon der Zustand des gesellschaftlichen Lebens in den Niederlanden höchst kläglich geworden ist, liegt am Tag. Wir wollen die Ursache aufsuchen; die Sache ist wichtig und führt uns zur genauern Kenntnis des Karakters dieser Nation.

Eine Reihe von Jahren hat diese Ursachen theils einzeln, theils vereinigt herbeigeführt. Betroffen durch das Fremde und Wunderliche, das sich in dem Geist und Gemüthe der ganzen Nation in den Jahren 1786. 1787. und 1788. gezeigt hat, und leider noch izt fortdauernd zeigt, bin ich zu diesen Nachforschungen gekommen. Ich will kürzlich auseinanderzusezzen suchen, 1) wie ungefehr im Jahr 1772. ein stiller regelmäsiger Fortgang in Verbesserung der Geselligkeit in den Niederlanden seinen Anfang genommen hat, 2) wie in den Jahren 1778. und 1779. eine ungewöhnliche und übereilte Beschleunigung dazu kam, 3) wie gerade durch diese übereilte Beschleunigung die glücklich angefangene gründliche Verbesserung mehr und mehr wieder in Steken gerieth, oder von Grund und Ursprung wechselte und auf diese Art eine ganz andre Gestalt bekam; 4) wie nachher während der gänzlichen Spaltung der Nation, beson-

besonders im Jahr 1785. und 1786. bei jeder der beiden unglücklich getrennten Parthien die Ursachen der Zerstöhrung des gesellschaftlichen Lebens mehr und mehr an Kraft und Menge zugenommen haben; 5) wie in diesem sehr sonderbaren Zeitpunkt zwischen dem Aufbruch des Grafen von Görz und der Revolution alle Ursachen und Wirkungen jener Verkehrtheiten so zugenommen haben und verstärkt worden sind, daß nothwendig eine plözliche allgemeine Zerrüttung der Sozietät hat erfolgen müssen, sobald eine von den beiden Partheien die allgemeine Oberhand bekommen sollte; 6) werden wir diese plözliche Zerrüttung, welche nun seit zwei Jahren fortdauert, an sich selbst betrachten und dabei sehen, wie und warum dieselbe zum Unglück bei beiden Partheien statt hat, und welch ein beschwerliches Leben eine dritte Art von Einwohnern mitten unter diesen Umständen führt.

Ungefehr im Jahr 1772. — auf die Zeit kommt es nicht so genau an — begann ein neues Licht über Holland sich auszubreiten, welches viel Gutes für die Geselligkeit versprach und auch wesentliche Verbesserungen darinn bewirkte. Ich ziele auf die Landwirthschaftskunde. Diese in gewissem Betracht ganz neue Wissenschaft, in Frankreich in der Zeit des Austobens der dortigen moralischen Krankheit erzeugt und über England, Teutschland und andere Theile von Europa ausgebrei=

gebreitet, trat endlich auch in unserm Lande —
der Verfasser ist ein Niederländer — hervor. Die
Landwirthschaftskunde ist gerade diejenige Wis=
senschaft mit deren Verbreitung nothwendig die
Verbesserung des gesellschaftlichen Lebens zu Paa=
ren geht. Dies erhellt wohl aus folgendem:

Die Landwirthschaft hat zum Gegenstande
jeden Beruf, jede Nahrung und Handthierung,
folglich alles, was jeder Familie, jedem Menschen
ohne Unterschied wichtig und nüzlich ist. Sie ist
das sichre Auge der Regierungskunst. In allen
ihren Nachforschungen ist ihr Ziel die bestmöglichste
Glückseligkeit und Wohlfahrt jedes Einzelnen zu
befördern; zu machen, daß alle Stände in einem
Lande, so viel sich dazu beitragen läßt, in Einig=
keit, in verhältnißmäsige Gleichheit und Wirksam=
keit gesezt, und darinn erhalten werden, daß also
ein Stand dem andern so wenig, als thunlich,
Nachtheil zufüge, im Gegentheil so viel möglich,
das heißt: verhältnißmäßig beforderlich sei, daß
alle Stände und Berufe zusammen ein wohl ver=
bundenes Ganzes, oder eine gut geordnete Ver=
bindung von Menschen verschiedener Lebensart und
Handthierung ausmachen, und endlich, daß durch
eine solche gesellige und harmonische Zusammenwir=
kung aller Stände jeder derselben zu dem höchst=
möglichen Grade von zweckmäsiger Glückseligkeit
gelange. Dies Wenige sey genug und es erhellet,

daß

daß die Landwirthschaftskunde den innerlichen und den beziehungsmäsigen Werth jedes Berufs, jedes einzelnen Standes und jenes Menschen in jedem Berufe und Stande fleissig untersucht und an den Tag legt. Nach der Maasgabe nun, daß die Glieder eines Bürgerstaats sich einander von Seiten ihres Werths und ihrer Nuzbarkeit besser und allgemeiner kennen lernen, folgt denn immer nothwendig, daß sie auch gelehrt werden, sich einander mehr zu achten und zu schäzen. Haben aber die Menschen mehr Achtung, mehr Geneigtheit für einander, so ist es natürlich, daß sich ihr geselliger Ton verbessere. Ueberdiß ist es unleugbar, daß wo Achtung, Werthschäzung und Wohlwollen sind, auch natürlich und von selber die Neigung, sich einander bei allen Gelegenheiten nüzlich zu unterrichten und heilsam zu bessern Plaz finden müsse. Gehe man nun in Gedanken in den Zeitpunkt von 1774 – 78. zurück und man wird gewiß schöne Anlagen und Fortschritte von der Art in allen Unternehmungen der mehrsten Städte unsers Landes finden.

   Man kann sich ferner überzeugen, daß von erwähntem Zeitpunkte an mit der Ausbreitung der ökonomischen Wissenschaften eine ganz neue Art von Untersuchungsgeist in Gedanken und Reden gleichsam als eine bessere Münze im gesellschaftlichen Leben gangbar und in Umlauf gebracht worden

den ist. Viele vortrefliche und ansehnliche Männer unter unsern Mitbürgern hatten Theil genommen an den ökonomischen Grundsäzen, Unternehmungen und Versuchen der holländischen Gesellschaften der Wissenschaften. Diese würdigen Männer, die weit umher zerstreut wohnten, hatten grössere Kenntniß dieser Art, oder vielmehr Liebe zur Wiederherstellung häuslicher Glückseligkeit unter der größten Anzahl der Nation verbreitet. Unvermerkt war dadurch mehr gegenseitige Achtung und Zuneigung entstanden; mehr Beförderung wechselseitiger Wohlfarth, mehr Vaterlandsliebe, mehr Gefühl für das allgemeine Beste, mehr Popularität bei den Vornehmern und mehr Nationalfreundschaft unter allen Ständen. So stand es schon mit der Verbesserung des gesellschaftlichen Lebens, als die oben erwähnte Beschleunigung dazu kam. Diese wurde durch die grosse und bringende Gefahr der äusserst beträchtlichen Verluste veranlaßt, denen unsere Handelschaft der Hauptstadt in den Jahren 1778. und 79. ausgesezt wurde. Was war izt natürlicher, als daß die Nation durch die Staatswirthschaftskunde aus ihrem vorigen Zustand von Stumpfheit oder Sorglosigkeit aufgewekt; schon mehr unterrichtet und angestrengt, was war natürlicher, als daß sie da bei jedem unglücklichen Vorfalle sogleich noch stärker noch allgemeiner an allen den Verlusten oder

Gefah-

Gefahren Theil nahm? Die allgemeine Gefahr vereinigte fast alle Gemüther, flößte beinah allen ein Herz und eine Seele ein. Der Geist der Nation wurde allen gemein, und blieb ganz an ernsthafte grosse Dinge geheftet. Aufrichtigkeit, bürgerliche Gemeinschaft nahmen schnell überall zu. Allein dieser plözliche, oder übereilte Fortschritt in der Verbesserung des gesellschaftlichen Lebens stand natürlicherweise noch nicht im gehörigen Verhältnisse mit der angefangenen innerlichen Verstandes- und Gemüthsbesserung der Menschen selbst. Sie war also in der That eine Uebereilung, ein Sprung.

In dem Zeitpunkt des Kriegs mit England, und der Irrungen mit dem Kaiser, veränderte sich die vorher so glücklich angefangene Verbesserung des gesellschaftlichen Lebens und zwar in Rüksicht auf die wirkenden Ursachen. Sie war nun nicht mehr das regelmässige Werk der Landwirthschaftskunde und der übrigen intellektuellen und moralischen Ursachen, das heißt: sie war nicht mehr, wie in dem ersten Zeitpunkt die natürliche Folge der gründlichen Menschenverbesserung überhaupt, sondern sie wurde nun fast ganz allein die forttreibende Wirkung allgemein drükender Unglüksfälle und dringender Gefahren. — Sie wechselte ganz den Gegenstand, denn sie war nicht mehr die gründliche Hinwegräumung geistiger und sittlicher Verkehrtheiten, noch das Studium besserer

rer Kenntnisse, sondern sie bestand nun fast allein in dem Aufhalten der Wirkungen dieser Verkehrtheiten. Die vorigen Gebrechen blieben, ihre Wirkungen wurden nur gehemmt.

Was erfolgte ungefehr um das Jahr 1784. da eine offenbare Trennung der Nation mehr und mehr herbeigeführt wurde, allgemein in Ansehung des gesellschaftlichen Lebens in Holland? Zwei verschiedene Dinge kommen hier in den Vorgrund; die unglükliche Feindschaft, die zwischen beiden Parthien und die täglich zunehmende, fast beispiellose Vertraulichkeit, welche in jeder einzelnen Parthie herrschte. — Weil die gegenseitige Feindschaft die beiden wichtigsten Haupteigenschaften, nämlich: die gegenseitige Werthschäzung und die damit zu gleichen Schritten gehende Hochachtung und Zuneigung vertilgte, so mußten alle gesellschaftliche Verbesserungen gehindert werden. — So wie die heilsamsten Wahrheiten und unschuldigsten Unternehmungen unter den Menschen, da wo eine gewisse Stimmung herrscht, Unheil stiften können, gerade so war auch die übereilt zunehmende Gemeinmachung unter allen Ständen in diesem Zeitpunkte schädlich, denn sie stand nicht im Verhältniß mit der wahren innerlichen Menschenverbesserung, die nun fast ganz vernichtet war. Ich will dies einleuchtender machen. Man denke zurück, wie in dem ersten Zeitpunkt diese liebenswürdige

Eigen-

Eigenschaft das regelmäsige Werk gegenseitiger Werthschäzung und wohlgegründeter Achtung war, und wie sie stufenweise im Verhältniß mit derselben zunahm. Man beherzige ferner folgenden Grundsaz: daß sie ausser diesem Verhältnisse nie mit Sicherheit zunehmen kann: Man frage, wenn noch ein Zweifel übrig bleibt, die allgemeine und seine eigene Erfahrung um Rath, und man wird sehen, daß freundschaftliche Vertraulichkeit unter manchen Menschen auch gefährlich sein, oder dies wenigstens nach Zeit und Umständen werden kann, wenn sie nicht im Verhältniß mit einer wohlgegründeten gegenseitigen Werthschäzung steht. Was hatte diese Familiarität aber für Wirkungen. Uneingeschränkte Offenherzigkeit, vertrauliche Mittheilung zuweilen aller geheimen Gedanken, Entwürfe, Maaßregeln, guten und bösen Kunstgriffen, unbesorgte Freimüthigkeit, einander gerade heraus zu sagen, was man dachte; gegenseitige Bekenntnisse, gegenseitige Unbescheidenheit; gegenseitiger Tadel, Zorn, wechselseitige Prätensionen und — doch wer kann hier alles herzählen? Mit einem Worte, wenn man auf die Wirkungen der Feindschaft der beiden Partheien und der Gemeinmachung unter Gliedern jeder einzelnen genau acht giebt, so kann man keinen Augenblick zweifeln, daß die wahre gründliche Verbesserung des gesellschaftlichen Lebens bei dem größten Theil der Einwohner vernichtet wurde.

D — In

In dem Zeitpunkt des Abzuges des Grafen von Görz nach Nimwegen, und der Revolution, wimmelt es von Beweisen, daß die vornehmsten Wirkungen, besonders dieser übereilten Vertraulichkeit höchst verderblich für die Geselligkeit waren. Eine stürmische Fluth, ohn' Unterlaß von Stoßwinden aufgehalten; eine Reihe gleichzeitiger, oder aufeinander folgender größtentheils plözlicher Ausbrüche, die den Strom hin und her gewaltig in Aufruhr brachten, unermeßliche Spaltungen, gefährliche Verbitterungen, hie und da unerwartete, wilde Ereignisse. — So war Parthei gegen Parthei!

Und dann in jeder derselben ein wunderbarer Geist — erwekt durch übereilte Vertraulichkeit — alles zu beurtheilen, alles nach seinen Begriffen zu ordnen und, was er nicht begriff, zu verwerfen; gering zu schäzen oder zu verachten. Ferner, Mißtrauen aller Art, Mißtrauen bei der geringsten, oder entferntesten Möglichkeit, die des Menschen unsichrer, schwacher Verstand ansinnen kann, daß jemandes Art zu handeln, oder zu denken zweifelhaft sein könnte; Mißtrauen aus jemandes, zufällig minder freundlichen Betragen hergenommen, das man auf sich deutete, aus dem lauten, oder leisen, entschlossenen, oder verzagten Ton, mit welchen jemand sprach; aus dem vergessenen Grusse; aus der Unfreundlichkeit eines Dienstboten vor dieser, oder jener Thür, Mißtrauen über eine

eine kleine Vernachläßigung in einer Briefaufschrift, Botschaft oder Begegnung, Mißtrauen über zufälliges Stehenbleiben, oder Fortschreiten mit Jemand auf der Strasse; Mißtrauen, wenn jemand eine andere Wohnung wählte, oder viel zu Hause blieb; Mißtrauen gegen den Plaz, auf welchem man saß, gegen die Thüren und Wände, zwischen welchen man sprach; Mißtrauen gegen seine nächsten Verwandte, selbst zuweilen gegen seine Frau und Kinder. — Wer kann und mag auch hier wieder alles nahmhaft machen? — Und bei allen diesen und so manchen andern unnennbaren Arten von Mißtrauen, ein herrschender Verachtungs= oder Verleumdungsgeist, und dann unter der Aufführung dieser beiden das heimliche Heer von Verstellungen, Ränken, sogenannten Nothlügen und Ausspähungen unter der Hand. — Allein nun bin ich noch kaum bis zu der Hälfte dieses Zeitpunktes gekommen. Es ist aber auch nicht möglich, hier weiter zu gehen, oder die Anhöhen hinanzuklimmen, von wo man näher die schrecklichen Abgründe hinunter blifen kann. Wie es damals um das gesellschaftliche Leben aussah, und wie es damit nachher im ersten Feuer der Revolution wurde, das kann ich nicht auf dies Gemälde bringen. Ich lasse es unentwikelt und verstimmelt und gehe zum lezten Zeitpunkte über, nämlich zu dem von der Revolution bis auf heute.

Was für eine Gestalt mußte unvermeidlich das gesellschaftliche Leben bekommen, nachdem die politischen Zwistigkeiten der vorhergehenden Zeitpunkte durch die Revolution gestokt und gleichsam vernichtet wurden?

Was erfolgt, wenn ein Strom sich plözlich in den Ocean ergießt? dann geht er selbst wohl nicht mehr seine Strecke fort; aber alles treibt, wiegt und bewegt sich in den unruhigen Fluthen. Dann stürzen und brechen alle Wellen in und durcheinander, darin wird es selbst den geschicktesten Steuermännern schwer, den richtigen Lauf zu erhalten. Eben so wurde es auch plözlich mit der Geselligkeit in diesem Zeitpunkte beschaffen, und auch eben so schwierig. Das folgte aus der menschlichen Natur. Die Sache war diese:

Die politischen Streitigkeiten hatten in den vorigen Zeitpunkten aller Leute Dichten und Trachten beschäftigt. Diese Streitigkeiten mit allem ihrem Zubehör waren dazumal der allgemeine Mittelpunkt, um welchen sich die menschlichen Gebrechen dieser Zeit dreheten, und mit ihnen waren auch diese Gebrechen erzeugt und vermehrt worden. Nun wurde dieser Mittelpunkt auf einmal durch die Revolution weggenommen; allein was blieb fast bei allen Menschen übrig? Immer doch die Gebrechen und diese in ihrer ganzen Ausdehnung. Ich will mich deutlicher erklären; alle Mängel, welche

welche aus der Feindschaft der beiden Partheien und aus der Vertraulichkeit, die in jeder derselben herrschte, herflossen und wovon ich oben geredet habe, blieben übrig. Sie waren Eigenheiten, Fertigkeiten geworden, und so blieben sie — denn was hätte sie unterdrükken können? — als ein Federwerk in ihrer besondern Spannung, mußten nothwendig ihre Wirkung behalten und äufferten diese, natürlicherweise überall, wo sich der nächste Gegenstand fand, das heißt: überall in dem gemeinen bürgerlichen Leben und in den täglichen Geschäften der Menschen.

So stürmt, oder fließt ein anhaltender Strom über die benachbarten Wiesen und Aecker, wenn er sich durch plözliche Dämmung aufgehalten, nicht mehr in seinen gewöhnlichen Ufern einschränken kann. So sieht man täglich, daß wenn ein Zwist, den ein Mensch des Morgens gehabt hat, unterbrochen, oder gedämpft ist, die mißvergnügte, unzufriedene böse Laune sich den ganzen Tag durch über alles verbreitet, was ihm in seinen, oder der Seinigen häuslichen Geschäften vorkommt.

Man merke aber hier noch eine andere eben so schnell eingetretene, natürliche und unvermeidliche Sonderbarkeit dieses Zeitpunktes!

Da die gründliche Verbesserung der Menschen, die in dem ersten Zeitpunkte angefangen, in den vier folgenden gehemmt und fast vernichtet worden war,

war, was mußte denn nun wieder erfolgen? Wenn jemand, der dem Trunk, dem Spiel, oder sonst irgend einer Untugend ergeben war, davon glücklich durch eine andere bessere Neigung ist abgeleitet worden, und er auf einmal an der Befriedigung dieser Neigung gehindert wird, pflegt er dann nicht immer wieder in seinen alten Fehler zurückzufallen? Gerade so gieng es auch hier. — So machen unglückliche Menschen sich doppelt unglüklich.

Man bemerkt endlich noch diese dritte Art von Unfall in unsern Zeiten! Nicht genug daß alle vorige alte Gebrechen und Untugenden ihr Haupt wieder erheben und hungrig nach ihrer gewöhnlichen Nahrung griffen, sondern sie wurden auch durch die neuen Mängel — nämlich durch die der drei vorigen Zeitpunkte — verstärkt. Gleich den Tugenden unterstüzzen auch die Untugenden eine die andere. Tausend Beispiele hievon kann man an einem Tage sehen.

Mit dieser allgemeinen Schilderung möcht' ich diesen Abschnitt über den gegenwärtigen traurigen Verfall der Geselligkeit schliessen. Allein man erwartet vielleicht noch die Auseinandersezzung einiger besondern Umstände, und wie soll ich diese Wünsche ohne der Nüzlichkeit meiner Schrift zu schaden, befriedigen?

Soll ich den Streit von Meinungen und Empfindungen auseinandersezzen, den man unter allen Stän-

Ständen über jene schrekliche Begebenheit, über die Veranlassung zu der Revolution antrift; über die Art, wie die Revolution vorgegangen; über die Nebenumstände, oder Folgen und wie die Geselligkeit durch diesen Zwiespalt ist getrennt und beschwerlich gemacht worden?

Oder soll ich mich in die unendliche Fluth von bittern Klagen auf der einen, und von harten Vorwürfen auf der andern Seite stürzen, die nun seit zwei Jahren fast alle Freude und Annehmlichkeit aus der Gesellschaft verbannt hat?

Und als die grosse Veränderung vorgieng und nun aus einer mächtigen an die Staaten des Landes und an die Ortsregierungen zu Bewahrung und Herstellung der Ruhe strenge Placate und Verordnungen ergiengen, soll ich erzählen, welcher neue Streit von Meinungen und Empfindungen da wiederum entstand, theils über den Innhalt, oder den Styl, theils über die Erfüllung dieser Placate; über das zu Viel, oder zu Wenig; über das Mögliche oder Unmögliche, alles nach dem Maasstabe der Begriffe oder Gefühle eines Jeden beurtheilt und welch einen schädlichen Einfluß alle diese Streitigkeiten abermals auf das gesellige Leben hatten?

Soll ich weiter schreiten und im allgemeinen darlegen, wie man auf beiden Seiten andere schuldig, sich selber unschuldig an Allem findet?

Oder sollen wir mehr in das einzelne gehen und hier viererlei Arten von Menschen und von Gesellschaften in diesem Zeitpunkte unterscheiden? Sollte dies geschehen, so müßt' ich 1) aufmerksam stehen bleiben bei der Parthei, welche die Ober-hand hat und nun in das Detail gehen, 2) von den Sitten der Parthei reden, die man die unter-liegende nennt; 3) mich lehrbegierig zu einer drit-ten Abtheilung unserer Landsleute wenden, ich meyne zu den erfahrnen, verehrungswürdigen Grei-sen die, gewohnt die grossen Staatsbegebenheiten aller Jahrhunderte mit wirksamem Gefühl der Ehr-erbietung gegen die unergründlichen Wege der höch-sten Vorsehung zu betrachten, alle weltliche Dinge und also auch diese lezte Umkehrung auf diese Weise abwägen; 4) müßt ich mich mit den Menschen in beiden Partheien beschäftigen, die eine Freude da-rinn finden, den Partheihaß fortdauern zu sehen!

Allein in dieser Darstellung wäre dann noch nichts von dem grossen Volkshaufen das heißt: von der nicht raisonnirenden Menge gesagt, die leider wenig mehr, denn thierisches Gefühl hat, und wohl noch gar ein solches thierisches Gefühl, das nun ganz auf das elendeste verwildert ist, so daß es bei dem geringsten unbedachtsamen Worte, bei dem geringsten Anschein von Mißverstand, gleich sie-dendem Oele aufkocht; wie elektrisches Feuer schnell von Auge zu Auge fortfliegt und oft in weniger,

als

als einer Minute in tausenden das Blut zum Kochen bringen, und alle Gemüthsbewegungen in heulende Wuth verwandeln kann.

Soll ich von allen diesen Menschen im Detail hier reden? — Schriebe ich in allem vollkommen unpartheiisch, würden dann wohl diejenigen Leute in beiden Partheien, auf welche hier am meisten müßte Rüksicht genommen werden, mit Nuzzen dies lesen? Stellte ich die Wahrheit zur Zufriedenheit der einen Parthei vor, hieße das nicht Oel in das Feuer gegossen bei der andern? Wir sind noch in einem solchen Instande, wie gewisse Kranke, deren körperliches Uebel nicht ganz aufgedekt, nicht ganz aufgeregt werden darf.

Ohne Beispiel ist die izige Trennung des gesellschaftlichen Bandes in unserer Republik. Die Revolutionen in den Jahren 1581, 1587, 1619, 1651, 1672, 1702, 1747. beruheten alle auf sich selbst, das heißt: sie standen beinah in keiner Beziehung mit den Staatsbegriffen, Ereignissen, oder Unternehmungen anderer europäischer Völker. Ganz anders aber ist es mit der neulichen Revolution beschaffen. In den verflossenen zwei Jahren ist bei keinem einzigen Volke in Europa irgend etwas in Staats- oder Kriegssachen vorgefallen, ohne daß jede Parthei in unserm Lande sich darum, in Beziehung auf sich selbst, auf ihren Zustand, auf ihre Hofnung, oder Furcht in der künftigen Zeit bekümmerte. Um nur

das

das lezte — gewiß das wichtigste Beispiel davon anzuführen; welch einen gegenseitigen Stoß gab nicht Nekers Fall dem Geiste beider Faktionen in unserm Lande — und welch einen zweiten Stoß seine politische Wiederherstellung! Fast jeder Schluß oder jede Vorstellung der Nationalversammlung in Frankreich wird bei uns von beiden Partheien als eine Sache von der größten Wichtigkeit betrachtet, nicht sowol in Rüksicht auf den Handel, als auf den Partheigeist. Und nun sind wieder aller Augen, Furcht und Hofnungen auf die Unruhen in Lüttich geheftet, auf die von Brabant, auf andre — kurz auf alle Möglichkeiten Ein Beweiß, wie sehr diese Revolution mit ihren Folgen auf Geselligkeit verschieden von dem ist, was in vorigen Zeiten in unserm Lande und durch ganz Europa vorgefallen war. —

Ich hoffe, meinen Lesern durch diese skizzirte Geschichte des gegenwärtigen Zustandes der Geselligkeit in den Niederlanden um so mehr angenehm geworden zu seyn, da hieraus gar manches Resultat auf den Karakter dieser Nation und der durch die Revolution verursachten Biegungen desselben gezogen werden kann.

Kurz wollt' und mußt ich seyn, sonst hätt' ich mit Hilfe meiner Gewährsmänner leicht ausführlicher reden können. Doch hoff' ich das nothwendigste gesagt zu haben, um die mit den Hauptzügen in dem Karakter der Niederländer bekannt zu machen, die nur skizzirt davon belehrt zu seyn wünschen.

DAS EIS

Eis und Glücke beeder treu bricht ehmans gedenckt entzwey
Der Winter hemmt den Lauf der Pfeil geschwinden Flüsse
und legt der feuchten Flut gefrorne Fesseln an
Der Spiegel von Crystall reizt unsrer Jugend Fusse,
Die so gar schwer die Lust des Halschrins lassen kan

Ein Durstiger Bruder.

Ein Keller

Eine Fraü wie sie in Kirchen geht

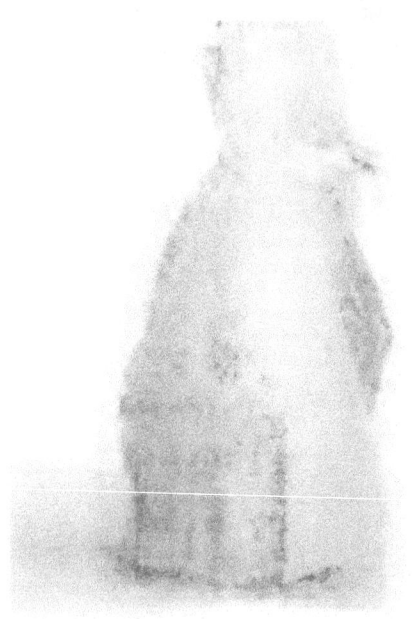

Eine Traurende Frau

Eine Holländische Burgers Tochter

Eine Holländische Magd.

Eine Landfrau Nächst Amsterdam.

Ein Holländischer Baur

Ein Holländischer Baur

Eine Holländische Bäuwrin

Eine Holländische Baur n Magd

Eine Holländische Milch Frau

Ein Frießländischer Schiffman

Eine Frießländische Bäurin

Eine kleine Friesländische Bäurn

Ein Brabandischer Schiffer

Eine Brabandische Bäuerin.

www.ingramcontent.com/pod-product-compliance
Lightning Source LLC
Chambersburg PA
CBHW020303090426
42735CB00009B/1208